MW01107952